EDMOND & JULES DE GONCOURT

LA

PEINTURE

A L'EXPOSITION DE 1855

Prix : 2 francs

PARIS
E. DENTU, LIBRAIRE-ÉDITEUR
PALAIS-ROYAL, 13, GALERIE VITRÉE

LA
PEINTURE
A L'EXPOSITION DE 1855

TIRÉ A QUARANTE-DEUX EXEMPLAIRES.

EDMOND ET JULES DE GONCOURT

LA
PEINTURE

À L'EXPOSITION DE 1855

PARIS
E. DENTU, LIBRAIRE-ÉDITEUR
PALAIS-ROYAL, 13, GALERIE VITRÉE.

1855

LA PEINTURE

A L'EXPOSITION DE 1855.

I

La peinture est-elle un livre? La peinture est-elle une idée? Est-elle une voix visible, une langue peinte de la pensée? Parle-t-elle au cerveau? Son but et son action doivent-ils être d'immatérialiser cela qu'elle fait de couleurs, d'empâtements et de glacis? sa préoccupation et sa gloire, de mépriser ses conditions de vie, le sens naturel dont elle vient, le sens naturel qui la perçoit? La peinture est-elle, en un mot, un art spiritualiste?

N'est-il pas plutôt dans ses destins et dans sa fortune de tenter les yeux, d'être l'animation matérielle d'un fait, la représentation sensible d'une chose, et de ne pas aspirer beaucoup au delà de la récréation du nerf optique? La peinture n'est-elle pas plutôt un art matérialiste, vivifiant la forme par la couleur, incapable de vivifier par les intentions du dessin, le par-dedans, le moral et le spirituel de la créature?

Autrement, qu'est le peintre? — Un esclave de la chimie, un homme de lettres aux ordres d'essences et de sucs colorants, qui a, pour toucher les oreilles de l'âme, du bitume et du blanc d'argent, de l'outremer et du vermillon.

Croit-on, au reste, que ce soit abaisser la peinture que de la réduire à son domaine propre, à ce domaine que lui ont conquis le génie de ces palettes immortelles : Véronèse, Titien, Rubens, Rembrandt? grands peintres! vrais peintres! flamboyants évocateurs des seules choses évocables par le pinceau : le Soleil et la Chair! ce soleil et cette chair que la Nature refusa toujours aux peintres spiritualistes, comme si elle voulait les punir de la négliger et de la trahir!

II

Cependant, où en sont, au dix-neuvième siècle, les deux grands partis et les deux grandes écoles ? Une tentative a été faite pour remplacer par un élément laïque, par une inspiration humaine, l'inspiration et l'élément divins de la peinture ancienne. Un spiritualisme nouveau a placé ses efforts sous le patronage moral de l'Imagination. La foi nouvelle était le *sentimentalisme*. L'art de Raphaël était amené tout doucement des exaltations pieuses aux fièvres de la poésie, du surnaturel catholique au surnaturel de la fable moderne. A la représentation des vertus théologales succédait la représentation de ces âmes vivantes et comme lumineuses, sorties du cerveau des sublimes rêveurs. La toile, veuve de l'Évangile, se donnait à la légende. Les peintres ne couronnaient plus d'épines, mais de mélancolie. Ils n'avaient plus les angoisses saintes, la tragédie du Calvaire; ils voulaient tirer notre cœur jusqu'à nos yeux, en chantant la Passion du génie ou de l'amour, le cantique des souffrances morales.

Un homme d'un esprit supérieur, M. Ary Scheffer, a été le chef de ce spiritualisme rajeuni et accommodé au tempérament du siècle. Et certes, si la théorie nouvelle avait dû être une révolution, au lieu d'être un accident dans l'histoire de l'art; si elle avait dû découvrir un monde, au lieu de révéler un talent, — M. Ary Scheffer était le prédestiné qui devait l'appeler à cette haute influence, à ce grand avenir. Une native tendresse, un instinct pudique de la ligne, la familiarité et le culte des poëtes, la vision, la lecture et la science, le filleul de l'Allemagne unissait toutes ces choses en lui à un point unique et admirable. La Mort vivante, l'Enfer psychique du Dante où flottent, enveloppées de leurs douleurs, les ombres jumelles; et la Tentation de la Vierge curieuse, de la Marie-Ève de Gœthe, lui seul pouvait oser les incarner.

Mais la tentative n'était qu'une erreur ingénieuse, condamnée par ses succès mêmes. La peinture est fille de la terre. Il faut qu'elle prenne pied pour lutter et vaincre. Essai impuissant et stérile du peintre que de vouloir, avec son art fini et limité, enfermer dans un cadre le parfum d'une pensée, le souffle d'un poëte, l'haleine d'un chant! — Qu'est encore cette inspiration demandée à une autre inspiration, cet art qui s'emprunte à un autre art? N'est-ce pas de lui-même et de la nature que le peintre doit se tirer tout entier, — même le peintre d'histoire, pour qui l'histoire ne doit être qu'un décor?

Du pinceau contre la plume, la lutte est, selon nous, mauvaise. Les questions d'école ou de procédés sont de peu ici : le *Roméo et Juliette* du coloriste, comme la *Francesca* du dessinateur, prouvent que le duel avec le Dante et Shakspeare, — qu'on soit Delacroix ou Ingres, — est le duel de Jacob avec l'Ange.

III

Comme dans toutes choses humaines, l'équilibre n'est maintenu dans les choses de l'art que par la loi des contraires, la lutte et l'opposition des courants. — Soudain une armée s'est levée contre le sentimentalisme.

« Halte-là ! — crie la bande des enfants terribles du matérialisme ; — et que diable disputez-vous, Raphaëls et Jordaëns que vous êtes ? Votre *casus belli* est une question d'empâtement. Paix donc ! saluez : je suis le monde nouveau ! Je ne suis ni une école, ni une église, ni une idée, ni une foi : je suis la Vérité ! J'ai défendu l'Imagination à mes yeux, à mes crayons, à mes pinceaux : la Nature, c'est moi ! Vous lui prêtiez, vous la pariez : je la déshabille. Vous cherchiez : je rencontre. Vous aviez des dédains, vous, et vous autres des dégoûts : tout est, tout a le droit d'être. Je ne fais pas de tableaux : je les ramasse. La création est responsable de mes toiles. Vous étiez peintres : gloire à moi ! je suis chambre noire !

— Assurément, — répondit un sourd au manifeste, — le daguerréotype est une fort belle invention.

Le grand tort qu'ont eu les *réalistes* sans le savoir du bon vieux temps, les Ostade et les Téniers ! S'ils avaient songé à baptiser leur œuvre d'un sobriquet scolastique, — quel gros embarras les modestes Lenains de notre siècle auraient eu à bâtir leur famosité !

IV

Et, pour que la lutte ne chôme jamais entre l'idéal incarné et la matière glorifiée, contre le réalisme l'*allégorisme* est accouru : bande légère de petits poëtes légers et riants, élèves de M. Ingres et de M. Émile Augier, habillant à l'antique des pensers menus et délicats, peignant des odelettes, jouant avec d'innocentes énigmes, ramenant Berquin d'Athènes, groupant le monde autour du Guignol des marchandes d'herbes, — Anacréons de la petite Provence !

La peinture religieuse n'est plus.

La peinture religieuse, la figuration du monde de la foi, la représentation d'abstractions et de créations dogmatiques, ne peut être qu'à la condition d'être servie ou plutôt confessée par un art convaincu, dont l'œuvre soit une œuvre votive, un hommage agenouillé, le *credo* de la forme et de la couleur. Peut-elle être alors que le peintre achète ses pinceaux en ces officines de chimie où le tonnerre de Jéhovah, mis en bouteille de Leyde, se vend à tant l'éclair? Et comment jaillirait-elle, avec ses ardeurs et ses naïvetés anciennes, de ces tiédeurs, de ces indifférences, de ces triomphes de logique, de ces apothéoses de la science, qui sont notre siècle même?

L'ardeur d'une croyance toute neuve, l'élan d'une religion jeune et militante, les séves de l'humanité tournés vers le service de Dieu, le souffle d'en haut, le ravissement, l'extase, toutes ces choses sont nécessaires à la peinture religieuse. Et cela est si vrai, que le don de cette peinture n'a pas été attribué à toute l'Europe catholique. Il n'a été attribué qu'aux tempéraments bouillants, qu'aux imaginations débordantes, qu'à la foi enflammée de l'Espagne et de l'Italie : seuls les pays de l'Inquisition ont eu des peintres religieux!

Et qu'étaient-ils, ces Espagnols, ces Italiens, qui ont fait toucher l'Évangile aux peuples? des hommes au sang de feu, microcosmes des fièvres de la patrie; natures révoltées et sans règle; des hommes rattachés à Dieu par une foi emportée comme leurs passions, par un culte violent comme leurs amours; pécheurs vivant dans le tumulte de leurs sens, qui ensanglantaient la croix de Jésus des blessures de leur cœur jaloux, du sang de leur âme turbulente et déchirée. Et les seules Vierges, nées d'une palette, ne nous viennent-elles pas du pays où le culte de la Vierge est encore aujourd'hui entouré des adorations humaines de l'amour?

Les Allemands ont voulu renouer la chaîne brisée.

Mais quoi? l'art protestant est-il appelé à recréer la peinture religieuse? — Ce moine envieux taillant et rognant dans cette pompe théologale, mené par le César Auguste Léon X, qui menait le Beau au-devant de Dieu, — c'est Luther. Quelle foi appauvrie, assombrie, sort de cette foi née en Judée, dans le soleil, bercée dans les mystères, parfumée de mille légendes! C'est l'éternelle victoire de l'Occident sur l'Orient, du Nord sur le Midi : c'est la Réforme. O peintres! quels délires, quels rayons demanderez-vous à cette religion d'hiver, à cet

Évangile disciplinaire, à ce Dieu fait de raison, au Temple iconophobe qui a proscrit de ses murailles nues le *sursum corda* des chefs-d'œuvre?

Hélas! vains efforts que les efforts des crayons de Kaulbach et de Cornélius, quêtant le céleste et l'idéal! Seules elles répondent à l'appel, les lignes sèches et sévères d'une pratique tout humaine, d'une habileté ininspirée. En la nouvelle Jérusalem de la peinture, les anges ne descendent pas du ciel, ils montent de la terre; ce n'est pas cette Jérusalem, une mystique cité, une cité de Dieu, mais une haute demeure que peuplent les pensées des hommes; et ce sont des Muses morales qui en ouvrent les portes d'or. Des pensées aériennes, des personnifications volantes, ont remplacé toute cette cour légendaire de Trônes et de Dominations dont le catholicisme entoure Dieu. Rien ne vit en ces toiles incolores de la peinture religieuse; un vague philosophisme habite seul ces limbes où se promènent des apparences d'idées. — Ils croyaient que leurs cartons allaient chanter joyeux l'hosannah d'une seconde Renaissance; voilà qu'il ne s'échappe de tant de travail et de pages si grandes qu'un hymne désolé, la funèbre déploration de l'art du seizième siècle, de ses allégresses et de ses rayonnements. Et pourquoi tant d'heures perdues à étudier Raphaël? Et comment auriez-vous retrouvé le secret de son génie? Il était la grâce mûrie du Pérugin, parce qu'il était l'alléluia de la religion en fleurs, de ses conquêtes par tout le monde, de ses conquêtes par toutes les âmes, de son sourire, de son épanouissement, de sa paix et de sa sérénité.

VI

La peinture religieuse ainsi morte, il reste aux peintres du dix-neuvième siècle la peinture d'histoire; mais, contrariée et comprimée par l'uniformité des costumes, l'économie des accessoires, la monotonie et la monochromie des scènes contemporaines, cette peinture a été forcée de se réfugier dans le passé, partant, dans l'imitation. — Il reste aux peintres du dix-neuvième siècle la peinture de batailles; mais cette fille de Salvator, détournée de sa fougue, de son tourbillonnement, de son caprice, de sa fureur, a été asservie au *Moniteur*. Elle est devenue une illustration de la tactique, la mise en scène panoramique d'un rapport militaire; elle est descendue au trompe-l'œil des boutons d'un régiment ou du dessous de botte d'un général.

Il reste aux peintres du dix-neuvième siècle la peinture de genre, amenée, comme la grande peinture, à vivre dans le vestiaire ancien; régnante pourtant, honorée, cultivée, pratiquée comme un gagne-pain par tous les talents de notre temps petit, bourgeois, sans palais et sans fresques.

Il reste aux peintres du dix-neuvième siècle la peinture de portraits; mais le portrait n'est plus la physionomie morale qu'avait cherchée l'école italienne; il n'est plus le beau masque charnel des Flamands; il ne s'appuie même pas sur la pléiade de spécialistes du dix-huitième siècle, les Rigaud, les Largillière, les Tocqué.

Il reste aux peintres du dix-neuvième siècle le paysage.

VII

Le paysage est la victoire de l'art moderne. Il est l'honneur de la peinture du dix-neuvième siècle. Le Printemps, l'Été, l'Automne, l'Hiver, ont pour servants les plus grands et les plus magnifiques talents que se prépare à relayer une jeune génération anonyme encore, mais promise à l'avenir et digne de ses espoirs.

Oui, le vieux monde se retourne vers son enfance, vers le berceau vert et bleu ou vagit son âge héroïque. Chargé de siècles, il revient à toutes ces belles choses, à ce théâtre divin où se joua, au soleil, le poëme épique de sa jeunesse nomade, agricole et guerrière. Beau temps du bois opaque, des ondes bavardes, des gazons ou les Grâces dansaient nues avec les Nymphes, alors que le sentier de la prairie était la route départementale, que le sol vierge enfantait en liberté, que la rivière s'indignait du pont, que Dieu était le conservateur général des forêts! — Étrange bizarrerie! c'est quand la nature est condamnée à mort, c'est quand l'industrie la dépèce, quand les routes de fer la labourent, quand elle est violée d'un pôle à l'autre, quand la ville envahit le champ, quand la manufacture parque l'homme, quand l'homme enfin refait la terre comme un lit, — que l'esprit humain s'empresse vers la nature, la regarde comme jamais il n'a fait, la voit, cette mère éternelle, pour la première fois, la conquiert par l'étude, la surprend, la ravit, la transporte, et la fixe, vivante et comme fragrante, dans des pages et dans des toiles d'une vérité sans pair. Le paysage serait-il une résurrection, la Pâque des yeux? et ne serions-nous pas ces bons citadins du *Faust* courant se réchauffer hors la ville aux rayons du soleil, fuyant les prisons de pierre, la nuit des maisons basses, renaissant à la lumière, au parfum des prés, au ciel et à la terre?

Le paganisme antique sacrifiait à la Nature; il la déifiait, la remerciait, lui dédiait ses prières et ses poëtes, ses cantiques et ses temples, ses Virgiles et ses Panthéons. Le paysage moderne n'adore plus la Nature, il ne la chante plus; il la peint. Sous le portique de l'école nouvelle, vous ne verrez pas assis, dans l'éternité du marbre, les patrons des Géorgiques : Priape et le père Sylvain, et le vieux Terme, et les petits dieux de la Bonne-Campagne couronnés de myrte et de romarin; mais les dieux tout humains du naturalisme qui ont fait du livre le portrait magique de la Nature : Rousseau, Bernardin de Saint-Pierre, Gœthe.

L'école italienne, toute préoccupée de la femme et de l'homme, avait jeté autour d'eux quelque peu de verdure, absolument pour garnir les fonds. — L'école française du dix-septième siècle avait trouvé vulgaire l'ordonnance du bon Dieu. Elle ennoblit le paysage, éleva ses lignes jusqu'à une convenance tragique, donna aux sites une solennité d'*atrium*, et prêta aux arbres la tournure décente de confidents; ou bien, fascinée par l'or pourpre des soleils couchants, elle se laissa emporter à des effets décoratoires. Les Hollandais, moins inquiets de la pompe et de la dignité du paysage, plus rapprochés de la nature et plus familiarisés avec elle, firent fausse route, en pliant leurs études et les souvenirs de leurs yeux à des théories préconçues de dessin et de composition, de superposition des plans; ils perdirent le bénéfice du sentiment que leur donnaient la vue et la fréquentation de leurs modèles, par l'obsession tyrannique du sentiment qu'ils nourrissaient en eux-mêmes, et qu'ils apportaient avec eux sur le terrain.

Seule, l'école moderne a ouvert bravement les yeux sans parti pris, résolue à ne se scandaliser de rien, à choisir, mais à ne pas corriger. Elle s'est agenouillée dans l'herbe. Elle est entrée dans le bois. Elle s'est mouillée, déchirée et crottée. Elle a vérifié l'ombre, la lumière, le soleil et les branches. Son génie, elle se l'est fait à la façon de saint Thomas : elle a regardé et elle a vu. Et à cet art qui lui demandait tout, la Nature qui s'était défendue et comme gardée de tant d'autres moins naïfs, la Nature s'est toute donnée; et de cette communion sincère sont sortis nos chefs-d'œuvre, les toiles de

Troyon, et de Dupré, et de Rousseau, et de Français, et de Diaz, et de tous ceux que nous oublions. Et voilà le pourquoi de cet admirable éveil de jour; le pourquoi de tant d'air, de tant d'espace et de tant de repos; le pourquoi de ce brouillard de lumière, le pourquoi de cette neige de l'aube qui caresse d'argent les grands bœufs : les *Bœufs allant au labour*.

VIII

Prenons dans notre main le monde de l'art. Embrassons de l'œil le génie national des races, et, pleurant la tristesse de tant de décadences, pesons l'œuvre de paix des peuples.

L'Italie, — hélas!

L'Espagne court après Dubufe.

La Suède a un peintre, M. Hockert, qui dans le jour boréal d'une chapelle laponienne a groupé de façon savante la Prière, l'Attention, la Famille, la Maternité en action.

Le Pérou montre un coloriste : M. Mérino.

L'Allemagne possède Kaulbach et Cornélius. — Elle possède M. Knaus, ce talent attendri et comique, plus habile, plus sérieux, que le talent de M. Induno; M. Knaus, ce rieur de tant de goût et de tant de sentiment, qui, parmi la bande crapuleuse des pitres, jette, comme une fleur blanche, l'apparition virginale d'une fille aux longues tresses; M. Knaus dont l'œuvre à deux faces marie, dans un coloris plaisant, sous une touche finement franche, *Wilhem Meister* à la farce des *Saltimbanques*.

IX

L'Angleterre... Tout d'abord, la peinture anglaise ne vous semble-t-elle pas, dans son ensemble, une peinture particulière, conventionnelle en dehors des conventions, des traditions et des exemples de la peinture de tous les peuples et de tous les siècles? Elle a « changé tout cela, » comme le médecin de Molière. Elle se cherche hors d'elle-même. Elle est peinture à l'huile, et elle s'est imaginé d'appeler à son aide les recettes, les ressources et les habiletés de la peinture à l'eau. Elle tient les larges brosses des Espagnols et des Italiens; les voilà devenues en ses mains pinceaux de martre, bons à promener l'aquarelle sur le bristol. Tous les chefs-d'œuvre lui montrent le calme et l'harmonie des tons juxtaposés, et toute la peinture anglaise est une peinture faite de glacis, de retours de main, de balayures, de touches piétinées, de repentirs et de remaniements de couleurs. Des travaux qui se croisent et se surmontent, des teintes épongées puis rallumées, il naît un nuage et une fonte de tons petillants, une menteuse irradiation de pierres fausses; on dirait un lavis à l'huile qui cherche le miroitement d'un buvard écossais.

D'où vient le mal? des mauvais conseils du soleil de l'Angleterre, et de la riche et transparente carnation anglaise. Chaque pays a pour palette, palette animée et vivante, le teint de ses femmes et les jeux de sa lumière. Mordus de soleil, mordus d'ombre, les épidermes du Midi amènent le peintre à exagérer les noirs, à violenter les oppositions. Mais comment oser des préparations solides, des bistres francs devant ces chairs de lait rosé, devant ce satin vif éclairé par des reflets et des rappels de jour, en ses plans les moins lumineux? Comment oser une accentuation forte et nette devant les innocentes caresses de ce soleil sans hâle, qui semble laisser tremper tout ce qu'il n'éclaire pas dans le mol azur d'un clair de lune? — Aussi ne faut-il guère espérer d'ici à longtemps, — à moins qu'un beau jour la terre ne change de place, et l'Angleterre de climat, — d'autre peinture anglaise que les froids papiers peints des Maclise, les miniatures des Hunt et les spirituelles porcelaines des Mulready.

Considérée en son esprit, la peinture anglaise semble une morale en action tempérée d'*humour*. Elle semble avoir tout son public en la Cité, et mettre son honneur à distraire, leurs affaires faites, les honnêtes négociants, comme les distrairait un vaudeville court, vertueux et gai. Elle fait son profit du ridicule, du plaisant, du caricatural. Elle se gare du solennel et du dramatique, et ne touche à l'histoire que par les scènes privées. C'est une peinture de chambre, d'intérieur de famille, une gaie célébration du *home;* c'est un art d'observation et de malice, ambitieux de l'applaudissement du sourire. Le roman honnête et le comique, Hogarth et Goldsmith, voilà son lot, tels sont ses maîtres.

Nous allions oublier un troisième maître de l'école anglaise, celui qui a formé son peintre le plus populaire : ce maître-ci est la Fontaine, et son élève est M. Landseer.

L'animal n'est qu'une bête chez nous. Nos *animaliers* le peignent sans l'estimer. Ils le surprennent dans le flagrant délit d'une pose, s'en emparent et le livrent au public. Si, par hasard, ils font de lui un personnage, ce n'est qu'un personnage de comédie, avec lequel ils déridant les femmes, les enfants et les grands enfants. — En Angleterre, où une loi d'une charité tout égyptienne attribue à l'animal une sensibilité, où le turf attribue au cheval un amour-propre, et où le maître attribue un bon sens à son chien, — l'animal n'est plus seulement pour la peinture une étude ou un bouffon ; le peintre lui donne une raison et un sentiment. C'est ainsi que, chez le *fablier* anglais, chiens, chevaux, perroquets, ânes et singes, observés moralement, sont appelés à l'honneur de composer des tableaux sérieux. Où nos animaux sont spirituels, les animaux de M. Landseer sont humains. Ils sont ces moralistes à poil et à plumes que faisait parler le bonhomme ; et toute la ménagerie domestique de M. Landseer semble braire, glousser, hennir, japper un ὁ μῦθος δηλοῖ ὅτι.

X

La Belgique nomme avec orgueil un Sneyders vigoureux et solide, — M. Stevens; un Abraham Bosse, poli, habile, spirituel, — M. Willems. Elle nomme avant tous celui-là de ses fils qui vient de retrouver le moyen âge.

Ne rions pas. Le moyen âge était perdu. La peinture avait beaucoup voyagé à sa recherche; et l'école française de 1830 avait fait pacte avec le romantisme des lettres pour restituer aux générations modernes l'image de cette grande époque et de ce grand art, si bien oubliés par Louis XIV et par Poussin, par Louis XV et par Boucher, par la Révolution et par David. La peinture, malheureusement, ne toucha au moyen âge que par le côté dramatique. Elle s'attacha plus aux faits qu'aux hommes, aux catastrophes qu'à la vie sociale. Elle fut éblouie par les cuirasses, les étoffes, l'éclat et la bizarrerie des costumes. Elle harnacha des chevaux, assit dessus des miniatures de manuscrit, et les lança à ces batailles de fer où tombaient les Téméraires. Ou bien encore, parmi le fracas des lignes et des couleurs, elle lâcha quelques fous bariolés ; — et elle crut, cela fait, que le moyen âge s'était levé et marchait.

Voici qu'un Anversois, ayant à sa porte toutes les leçons du moyen âge, toutes ses recettes, toutes ses merveilles, les confidences de Van Eyck et les conseils de Memling, nous redonne un moyen âge tout neuf, un moyen âge rassis, calme, civil, et tout étudié dans sa bonhomie et sa flamande narquoiserie. Il exhume et il ressuscite le grand acteur inconnu de ces temps, ce père des Frondes, cet aïeul des tiers états, ce vivant de bonne santé et de bon courage, gardant ses villes, prêtant aux rois, gagnant, priant et « se guabelant : » le Bourgeois. — Ainsi est retrouvée, bien après la chronique politique et batailleuse des peuples, la chronique sans prix de leurs mœurs; et ces livres, qui s'appellent le *Ménagier de Paris*, viennent éclairer d'un jour nouveau Froissart et Commines.

M. Leys est entré au plus profond, au plus vrai, au plus intime, au plus privé des joies et des douleurs des bonnes gens du quinzième siècle. Ses figures semblent portraits. L'on jurerait qu'il groupe de souvenir les familles et les amis, et qu'il habille, de l'habit même que jadis ils portaient, tous ces morts et toutes ces mortes revivants. Et non-seulement il retrace le type, et l'allure, et les façons de corps du temps; mais l'ironie même qui rit tout bas sous la foi du moyen âge, Rabelais qui nargue l'Évangile en sourdine, et Panurge qui moque l'Amour, il a interprété délicatement ces délicates choses. Il a mis aux faces balourdes des moines qui nasillent l'office des morts un rictus de raillerie; il a fait des vieillards assis regardant, sous les remparts, passer la procession des tendres deux-à-deux, comme les caricatures de la Médisance.

C'est cette intelligence du moyen âge, descendue ou plutôt montée jusqu'au détail de ses idées; c'est cette restitution de ses côtés humains, qui sont le mérite propre des pinceaux de M. Leys. C'est cela qui donne à la Belgique, cette banlieue de la France, vivant de nous et de nos œuvres, un véritable peintre d'une originalité autochthone.

XI

La France, — et ce sont deux Français très-peu *chauvins* qui parlent, — la France est aujourd'hui la grande école de peinture, la gardienne du feu sacré. Elle est le Portique où se disputent les systèmes, l'atelier où les procédés s'élaborent; elle est la grande nation de l'art, la patrie de deux grandes renommées : M. Ingres, M. Delacroix.

M. Ingres est peut-être le peintre dont le pied de peinture s'est payé le plus cher, lui vivant, depuis que la peinture est. Son talent est reconnu par toutes les écoles, par ses ennemis, par ses amis. Il a enchaîné au char de sa gloire peintres, amateurs, public, critiques même. C'est le dictateur de la ligne, un Raphaël ressuscité, qui exige, pour la montre de son œuvre, l'apothéose égoïste d'une tribune de Florence.

Raphaël! à ce nom la ligne, toute la ligne, ses élégances et ses puretés, et ses virginités, le trait divin presque, la conquête humaine du Beau, et la tranquillité, l'immortelle harmonie, la sérénité paisible, et le caprice ondulant, et le serpentement amoureux de la forme, et la greffe naïve de l'art gothique sur l'art païen, l'Ascension chrétienne de l'Antique! cet hymne et ce chant, cette merveille et ce miracle, vous croyez les retrouver sous ce crayon glorifié : las! vous ne trouverez qu'un crayon appliqué, laborieux, peiné, expert en raccourcis, mais asservi au terre-à-terre des figurations d'ici-bas; vous ne trouverez qu'un dessinateur, vous retrouverez le modèle! Dites, Vinci, si les mains fameuses de ses femmes sont les dignes sœurs des mains de votre *Joconde?* si ces bouches fermées respirent ce sourire que sourient dans vos toiles

les lèvres aimées de vos maîtresses? Dites, Raphaël, si M. Ingres promène autour des galbes enchantés la caresse et l'enchantement de votre contour? dites s'il a retrouvé cette prison aérienne et magique où tous deux vous enfermiez, pour les siècles futurs, les filles célestes de votre foi, de votre imagination et de votre cœur? et dites encore si le dessin est cette chose de dessiner correctement un nez, et si du dessin vous n'aviez pas fait le poëte de la ligne?

Oui donc, M. Ingres est un dessinateur, un dessinateur incontestable; mais le sentiment du dessin, la vie morale que les anciens lui soufflaient, la beauté intelligente, le baiser de Pygmalion dont ils animaient sa froideur marmoréenne, cette élévation du type dont ils faisaient sa victoire et sa proie la plus désirable, — où les trouvez-vous chez M. Ingres? Est-ce en ces images muettes de femmes, en ces bustes froids, en ces physionomies silencieuses, en ces portraits morts, de si loin dépassés par le portraitiste Coignet? Est-ce en ces miniatures dérisoires des aristocraties et des beautés de la femme, en ces *précieuses* calomnies où le poignet engorgé affecte les emmanchements plébéiens,

3.

où l'ovale fluxionné est déformé par des bajoues morbides, où la pommette est fardée de violet, où la figure ne tourne ni ne rondit, enduite d'un contour à l'autre d'une teinte plate, sans modelage de tons? fac-simile de la linéature, et non miroirs vivants du visage et des rayonnements de l'âme!

M. Ingres a mieux réussi à reproduire la face de l'homme, moins mobile, moins renouvelée, et d'une expression moins fugace que la face de la femme.

Le portrait de M. Bertin, cette droite et claire raison saisie dans une pose de vulgarité robuste; le portrait de Cherubini, ce patriarche penché sous sa gloire et sous la bénédiction de sa Muse, seraient deux beaux portraits si la vie de la chair n'y était glacée par cette déplorable peinture porcelainée, hostile à toute coloration animante. A ce défaut se joignent, dans les autres portraits de M. Ingres, l'excessive curiosité de l'accessoire; et l'on dirait que, parfois, le but préféré du portraitiste est d'être le Memling d'un bras de fauteuil, d'une lorgnette ou d'une broderie.

Que si nous parlons du coloris de M. Ingres,

c'est que M. Ingres n'a pas fait à la couleur une renonciation franche et complète. Comme Carrache guéri des pompes matérielles de sa palette, il ne s'est pas mis résolûment au régime du blanc et du noir. M. Ingres est beaucoup moins détaché de la couleur qu'il ne le croit lui-même. S'il est revenu pour toujours de cette belle erreur, la Chapelle Sixtine, que lui avait conseillée le *Concile* du Titien, il a des tendances dissimulées et sournoises au rose et au violacé. Il aime peindre frais. Ne nous lapidera-t-on qu'à moitié si nous déclarons que, pour nous, ce coloriage cœur-de-rose de M. Ingres est une déplorable manie? Nous lui préférons encore ces tons jaunâtres du poirier, employés dans les mosaïques en bois, qu'affectaient les premiers portraits et les premières études de M. Ingres. Exceptons toutefois une étude de femme nue, assise sur un lit, vue de dos, tout entière dans la demi-teinte : le maître du clair-obscur, Rembrandt lui-même, envierait la couleur ambrée de ce torse pâle.

Ainsi pourvu, le goût de M. Ingres emporte volontiers son étude vers les Vénus aux charmes révélés, les belles déshabillées sur les tapis de pourpre, l'étalage de la chair, le régal sensuel fourni aux yeux par les couleurs vierges du Titien, les Anadyomènes, les déesses enfantées d'écume, habillées d'air, les nymphes vautrées dans les clairières ; — et ce lui est un sujet familier et cher que d'exposer des odalisques fleur-de-pêcher sur des damiers à cases bleues et rouges. Singulières et malheureuses amours d'un dessinateur, et d'un dessinateur spiritualiste ! Quand Michel-Ange a des fantaisies pareilles, il cherche à signifier dans une musculature colossale et divine quelque énorme volupté, une bestialité olympienne, les géants embrassements d'une fille de la Terre et d'un Jupiter emplumé ; mais ce n'est guère là, je pense, l'ambition, ni même l'affaire de M. Ingres.

Sortez M. Ingres du portrait ou de l'académie, vous aurez la mesure de ce talent avare. M. Ingres ne tire rien de lui. Il se demande lui-même au passé. Il extrait péniblement son œuvre des chefs-d'œuvre. Il cherche son âme et la glane à la sueur de l'effort. Sa naïveté est un souvenir, son caractère un archaïsme. Il supplée au génie par la patience, au don par la conscience. Mis face à face avec l'histoire, M. Ingres appelle vainement à son secours une certaine sagesse d'ordonnance, la décence, la convenance, la correction, et cette dose raisonnable d'élévation spirituelle que demande un public élevé au collége. Il sème les personnages autour d'un centre d'action. Il les place sans les grouper. Il jette çà et là un bras, une jambe, une tête parfaitement dessinés, et il croit sa tâche finie quand il a assemblé des formes. Il ignore absolument l'art de meubler une toile, d'intriguer plastiquement une scène historique, d'intéresser au fait les individus de planton dans sa composition, en sorte que ces réunions isolées, pour ainsi dire, ont le lien insuffisant de ces banquets de souverains de l'Europe figurés en cire.

M. Ingres n'est grand, il ne touche presque au religieux que dans son *Saint Symphorien*, cette jeune et belle statue de la Résignation, calme dans la furie ambiante. — Mais que je voudrais mener flairer un à un à l'engouement public les petits tableaux de genre de M. Ingres! que je voudrais le mener à la suite du peintre, dans la famille des rois, et l'alcôve des légendes, chez Henri IV et chez Francesca! La belle école! Comme M. Delaroche, le metteur en scène inimitable, tirerait de là de précieuses leçons! Comme M. Meissonnier y apprendrait la peinture des étoffes, et M. Leys le sentiment historique!

Qu'ajouter? Un mot. — Il est dans tout siècle d'immenses réputations bâties à l'amiable par toutes les impuissances, et dont toutes les envies se servent, comme de massues, pour assommer les vraies gloires.

XII

En face la royauté de M. Ingres se dresse la royauté de M. Delacroix, royauté moins assise et moins officielle, plus fondée sur la reconnaissance des gens du métier que sur l'idolâtrie du public.

L'action est le génie, le *démon* de M. Delacroix. Dérober le geste, ravir la silhouette animée de la créature, conquérir le mouvement; jeter, captive, sur la toile la mobilité humaine; pousser le tableau à cette violence des choses : le drame; remuer, agiter, enfiévrer la ligne, comme pour dépasser dans l'imagination du spectateur le moment, la seconde, où la vie du fait a été subitement figée, pour ainsi dire, — voilà les inspirations et les ambitions de M. Delacroix, sa voie et son renom.

Il semble que le pinceau de M. Delacroix ait été gagné des convulsions sacrées que Tanger promène par ses rues : de ses personnages, rien ne repose, nul membre ne dort; ceux-là mêmes qui seront assis seront assis en des attitudes révoltées ; les bras détachés du torse protesteront contre l'apaisement des lignes inférieures, et le peintre cherchera à faire de ces mains d'acteurs, précipitées en avant, comme la parole du mouvement. Ces mains furibondes, ces enseignes de la passion, vous les retrouverez déployées par tous les tableaux de l'exposition de M. Delacroix; et le souvenir vous revient involontairement, à les voir, de ce Maturino gardé par un musée de Belgique, où, dans la nuit d'une vieille toile, des mains, des mains seules, s'attaquent, crispées.

Aussi M. Delacroix n'est-il jamais plus à l'aise que parmi les grandes bousculades héroïques, les ruées frémissantes des populaces, les mêlées des orgies sanglantes. Nul ne l'égale, ce peintre plein de ces dieux que Rome appelait les *dieux tumultuants*, alors qu'il s'agit de lancer la Liberté au feu des grandes émeutes, les faubourgs à l'assaut des Conventions, les bandes d'assassins à la gorge des évêques; et c'est de pinceaux grisés de sang, de poudre, de clameurs, qu'il déchaîne les tempêtes d'hommes, qu'il peuple une toile de désordre, qu'il fait onduler la confusion des têtes, qu'il détaille et qu'il fond ensemble l'infinie gesticulation des foules, qu'il retrouve le pêle-mêle et le choc, et le heurt, et le coudoiement d'un millier de fureurs!

Au drame humain M. Delacroix associe une nature dramatisée; les collines mornes, les ciels désolés accompagnent les Christs au tombeau; entre les mers lourdes, les flots morts, les firmaments de plomb, se débat, errante, la faim des naufragés.

Ce mouvement qu'il prête à tout ce qu'il touche, M. Delacroix le garde du fini et du précis; il semble craindre qu'il ne s'envole, qu'il ne déserte son œuvre, s'il essayait de trop l'écrire, s'il attentait au premier élan, à la liberté originelle du geste jeté. Nourri des poëtes, il ne formule leurs rêves que dans le nuage de l'ébauche, baignant et noyant leurs créations dans la pâte molle, n'osant qu'une esquisse des matinales amours et du balcon de Vérone, leur laissant le manteau de la demi-nuit, le voile flottant de la demi-aube. — L'intention spiritualiste de cette manière est digne de remarque chez un peintre coloriste.

Coloriste, M. Delacroix est un coloriste puissant, mais un coloriste à qui a été refusée la qualité suprême des coloristes : l'harmonie. Il est peu de tableaux de M. Delacroix où l'on ne trouve des morceaux francs, d'heureux contrastes, de belles oppositions. Mais en quelle toile a-t-il eu ce merveilleux équilibre, cette heureuse cadence étendue à toutes les parties de la toile, cette paix des tons qui se balancent, ce bain général et pondéré de lumière, cet éclat reposé, auxquels sont parvenus les grands maîtres? — Assurément M. Delacroix est un coloriste, mais il est un coloriste froid, plus porté par le tempérament de sa palette aux *crucifix* de Rubens qu'à ses œuvres chaudes et radieuses, le *Saint Bavon* de Gand, le *Saint Chrysostome* de Grenoble. Laissez de côté ses premiers tableaux, tout assombris des noirs de Géricault; exceptez de son œuvre la *Médée* et quelques parties du *Trajan*, peintures blondes et ensoleillées; et regardez tout le reste : prenez, par exemple, la *Noce juive*, placez un Decamps à côté de la *Noce juive*: vous demeurerez convaincu que jamais soleil d'Afrique n'est descendu emplir la toile d'un fluide d'or.

Une affection systématique pour le rouge, le brun, le bleu foncé; des lumières métalliques de blanc d'argent; l'exclusion des tons tendres; le malhabile emprunt au Véronèse des brocarts jaunes et roses; des couleurs crues trop entières, et non rompues; des fonds chargés et durs, — donnent à la peinture de M. Delacroix une gamme sourde, un papillotage brutal, qui ne sont d'un grand et d'un heureux effet que dans les scènes de nuit, dans les

tragédies aux flambeaux, dans le *Valentin* et dans l'*Evêque de Liége* ; et devant ces deux toiles, le regret vous prend que M. Delacroix n'ait pas tenté de traiter en grand le Nord et la Nuit. — M. Delacroix n'empâte pas comme les Espagnols; il n'a pas hérité non plus des coulées de couleur de Rubens. Son travail est de préférence un glacis égratigné d'une pâte lumineuse; sa touche, une touche pénible qui n'est jamais carrée et se complaît à d'ingrates hachures. Parfois, comme dans le *Massacre de Scio*, ses têtes à peine lavées d'huile colorée, il les tatoue de mouches bleu, vermillon, cendre verte, un pointillé multicolore qui s'assemble à distance, mais qui donne aux chairs un scintillement nacré.
Quand des toiles de M. Delacroix le regard se porte vers les toiles d'un homme nouveau, vers les toiles d'un coloriste, plus coloriste que M. Delacroix, plus savant, plus adroit, plus rompu aux difficultés, plus maître des procédés du métier, plus familier avec la main des maîtres qu'aucun autre de ce temps; quand le regard se porte vers ce *Fauconnier*, le plus beau morceau de couleur qui soit sorti d'un atelier français depuis 1830, — il

arrive que l'on se demande pourquoi M. Delacroix a gardé sa place, et pourquoi M. Couture ne la lui a pas enlevée. Pourquoi? parce que, malgré des défauts et des erreurs, M. Delacroix, — un grand talent qui vaut qu'on dise de lui un grand mal, — M. Delacroix est l'imagination de la peinture du dix-neuvième siècle; parce que son *Dante et Virgile* est une des plus hautes compositions de notre époque; parce que M. Delacroix est notre seul coloriste de grandes machines, notre seul *plafonnier*; parce que, si M. Delacroix n'était pas l'élève de Rubens, M. Delacroix triompherait dans la postérité comme il triomphe dans son temps.

XIII

Tous, et les plus grands et les plus célèbres, et les plus habiles et les plus indépendants de notre école et de notre siècle, tous se nourrissent d'exemples. Du Pérugin à Watteau, chacun a choisi son patron, et vit dans la clientèle et la servilité.

Où est le style? ce je ne sais quoi de particulier et de frappant où se reconnaissent les maîtres; cet accent qu'ils portent en eux et qu'ils prêtent aux choses; cette vue neuve de la création; le style! ce sceau rare et merveilleux, cette marque d'invention, de propriété, de personnalité; cette franche et inimitable signature du génie!

Un seul, parmi la foule choisie, ne relève que de lui; un seul, parmi tous, a le style; et par cela un seul, selon nous, est appelé à prendre place dans l'immortalité à côté des maîtres.

Decamps est le maître moderne, le maître du sentiment pittoresque. Il a doté le tableau de chevalet de l'énergie historique. Il a trouvé la nouvelle formule plastique de la nouvelle histoire d'Augustin Thierry. Il a descendu à des personnages de miniature la grandeur michelangesque. Il a rallumé le soleil de Rembrandt au foyer de l'Orient. Il a été le dessinateur superbe de l'Hercule juif. Il a été le paysagiste épique. Il a été le poëte comique et profond de l'instinct et de la malice de la bête. Son

D C puissant, au bas de trois coups de crayon ou de brosse, est la griffe du lion.

Il s'est trouvé des gens qui, dans cette riche intelligence, dans cette hardie compréhension, dans cette admirable organisation artistique, n'ont vu ou n'ont voulu voir qu'un homme de métier, disons leur mot, de *ficelles*. Dans cette prodigieuse interprétation de la nature, qui est l'œuvre de Decamps, ils ont vu, quoi? — des frottis secs. Cela qui n'était que son moyen a été déclaré, sans appel ni recours, son but ; et la critique malveillante, et le public, qui l'écoute, ont fermé les yeux devant cette âme de la nature, qui montait et jaillissait de ces travaux, de ces recherches, de ces inventions d'une main savante.

Et cependant, voyez : c'est la vie du ciel ! Les petites caravanes paresseuses de nuages blancs, par l'éther implacable ; les courses folles des nuées échevelées; les longs déroulements, et les lourdes marches et les figurations titanesques des nuages solides ; et les firmaments balafrés, barrés, rayés, et les zébrures terribles ; les vapeurs humides qui s'élèvent de la terre, à l'heure de son éveil ; le rayonnement pacifique du midi ; et le soir, et ses voiles de gaze ondulants lutinés par l'haleine des nuits; et le glaive de feu de l'orage, — se rendent à ses pinceaux vainqueurs, surprenant ces images de l'infini, comme les surprend le daguerréotype de Macaire.

Que du ciel la peinture de Decamps descende à la terre — la magnifique traduction ! l'infinie perspective ! C'est d'abord une croupe énorme, la barrière d'un monde. Les monts sont collines, les rocs se mamelonnent à l'horizon lointain. Puis roule lentement, par les plans étagés, le torrent des lignes insoumises, jusqu'à ce coin tranquillisé, qui est le *proscenium* du tableau et le rendez-vous de son intérêt. Et là encore, tout sera grand, par l'aspect sculptural que le maître sait donner à tout. Decamps prête un caractère à son décor comme à ses personnages. L'arbre sera rameux ; il se profilera dans toute son armature ; il percera sa feuillée avare d'un faisceau de nervures accentuées qui se dresseront contre le ciel comme les cent bras de Briarée, — mouvement de l'immobile matière. Au-dessous de l'arbre, il ne dédaigne rien;

vivifiant dans sa toile le grain de sable et le fétu, s'arrêtant aux moindres accidents du terrain, pourléchant ses rugosités brutes, prêtant une figure jusques aux cailloux du chemin; — travail patient et inspiré, par lequel Decamps conquiert la physionomie de la localité, du pays, du climat! Il va, il cherche, il s'inquiète ainsi de percer et de peindre l'âme inerte de la nature, cette vie latente, ce reflet d'action qu'elle emprunte à l'universelle action des êtres; et la nature, en l'œuvre de Decamps, est ce conte de fée, où, tout à coup guéris de leur catalepsie, affranchis du mauvais sort que Dieu leur jeta, l'arbre sent, le rocher parle, l'eau chante.

Ce mur, ce mur blanchi et reblanchi de chaux vive, mangeant les yeux, usant le soleil, — les pinceaux de Decamps le truellent; ils le maçonnent, ils le crépissent; le chiffon, le grattoir, le bouchon et le couteau à palette, ils appellent tous les aides de la pratique. Et soudain le mur, le mur lui-même, est tout entier sur la toile, calciné, lézardé, grenu, poreux, suant des micas, rougi par des esquilles de briques; émeraudé par d'humides suintées, les pieds roux de fumier, baveux d'immondices; un mur en personne naturelle, confessé tout entier, contant toute son histoire, toute sa vie de pluie et de soleil! — Et faut-il une ombre sur ce mur, une petite cernée d'outremer la fera lumineuse et transparente, comme il convient à une ombre faite sur un tel mur, par un tel soleil. Même l'ombre franche, l'ombre crue, l'ombre sous cette porte, elle sera l'ombre qui est; et des glacis, et des lavis, et des frottis, il sortira, non une nuit partielle, mais une défaillance de lumière, noyée et ensevelie dans la poussière dorée du jour, sans que le maître ait sacrifié une arête, une solidité, une vigueur!

Pour meubler ses paysages de France, Decamps s'empare du gamin, du roulier, du mendiant, du paysan, — toutes gens qu'il sait habiller du dessin carré et cerné de Chardin, le grand costumier moderne. — L'Italie, la Grèce, l'Asie, les terres chaudes et brûlées, favorites du soleil, il les peuple des canéphores aux lignes sévères, des Turcs immobiles et graves recueillis en leur paresse comme en une prière, des Arnautes au profil indien, des éphèbes aux beaux membres; des femmes voilées, ombres silencieuses du Repos et de la Rêverie molle; des marmots demi-nus, aux yeux fiévreux, globes de jais qui nagent en leur orbite; des cavales blanches piétinant dans les gués roses, des truies noires du Latium qui s'accroupissent dans l'ombre, des tortues lentes, des cigognes perchées sur les ruines, sentinelles d'argent. Et de ce kaléidoscope, et de cet arc-en-ciel, et de ce royal vestiaire d'Arlequin, — l'Orient, — comme il a fait son bien et son douaire ! Ce ne sont, par ses toiles, que tendres, vives et gaies couleurs, que fanfares et petillements, de vermillon, de jaune d'or, de cendre verte, riant dans l'harmonie fauve de l'ensemble. Les beaux éclairs de ton, ramenés au ton général par les blancs-jaunes, reliés entre eux par les contours et les ombres brûlés de terre de Sienne ! Et de cette palette un jour s'échappe tout un écrin, ces *Anes d'Asie*, brillants, étincelants d'une poudre de perle, de topaze, de rubis et de diamant, le chef-d'œuvre de cette peinture agatisée que tous cherchaient alors : Delacroix et Bonington et Isabey; — et de cette palette reposée, un jour s'envole une merveille des merveilles : le *Boucher turc*.

A Decamps, le village, la ferme, la cour et la basse-cour, le fumier, et la masure, et la loque, l'écurie, l'auge, la bauge et le chenil ! A Decamps, la chasse ! la perdrix au blé, le canard au marais ! la quête et l'arrêt ! A Decamps, le chien ! chiens de plaine, chiens de bois, — et les bassets tors !

A Decamps, le singe, la Comédie simiesque ! et macaques et guenons — une ménagerie de grimaces ! — habillés ou déshabillés, coquettes ou pétrins !

A Decamps, le choc des peuples et des hordes ! les harnachements sauvages, les catapultes grossières, les chars barbares, l'anarchie de carnage de la guerre en enfance ; les cirques bornés par l'accumulement des montagnes, le sang qui brunit le terrain de cuivre, montant voiler le firmament de la pourpre de ses fumées ! A Decamps, trois armées qui se broient, deux mondes qui se dévorent ! A Decamps, la Panique poussant dans le ravin la défaite trépidante ! A Decamps, les roulées d'hommes, de chevaux et de bœufs, emportant dans le flot de leur terreur le désespoir des femmes !

A Decamps, la Bible ! les pierres énormes semées sur la terre pour le sommeil des Jacob ! A Decamps, les peupliers et les amandiers maigres des montagnes de Galaad; les citernes économes auprès desquelles s'aplatissent les chameaux ismaélites, chargés d'aromates! A Decamps, le troc des Joseph contre vingt pièces d'argent! A Decamps, les cavernes profondes où Israël fuyait Madian; les roches d'Étam, où son douzième juge reposait sa force! A Decamps, les travaux du Nazaréen, la mâchoire du poulain d'ânesse, les milles hommes tués à Lechi, et Dalila, et le temple du dieu Dagon qui croule!

A Decamps, les mers bleuissantes ourlées de diamants; les campagnes embrasées, craquantes et dartreuses! A Decamps, le paradis torride, fleuri, emperlé, éblouissant, l'Éden incendié! A Decamps, l'Orient! A Decamps, la couleur folle! A Decamps, la lumière ivre!

A Decamps seul, — le Soleil!

PARIS. — IMP. SIMON RAÇON ET COMP., RUE D'ERFURTH, 1.